Impressum
Verlag: BABADADA GmbH, Nedderfeld 112 , 22529 Hamburg
Geschäftsführer / Verlagsleitung: Harald Hof
Druck: Books on Demand GmbH, In de Tarpen 42, 22848 Norderstedt

Imprint
Publisher: BABADADA GmbH, Nedderfeld 112 , 22529 Hamburg, Germany
Managing Director / Publishing direction: Harald Hof
Print: Books on Demand GmbH, In de Tarpen 42, 22848 Norderstedt, Germany

դպրոց
ysgol

մատյան
ystafell ddosbarth
բաժանել
rhannu
186/2
գրատախտակ
bwrdd
ուսուցիչ
athro
խաղադաշտ
թուղթ
papur
գրել
ysgrifennu
գրիչ
pen
գրասեղան
desg
քանոն
pren mesur
գիրք
llyfr
աշակերտ
disgybl

պայուսակ

bag ysgol

գրչատուփ

blwch penseli

մատիտ

pensil

մատիտի սրիչ

peth rhoi min ar bensil

ռետին

rwber

նկարչական ալբոմ

pad arlunio

2

նկարչություն
llun

վրձին
brws paent

ներկերի տուփ
blwch paent

մկրատ
siswrn

սոսինձ
glud

տետր
llyfr ysgrifennu

Տնային աշխատանք
gwaith cartref

12

թիվ
rhif

2+2

գումարել
ychwanegu

5-2

հանել
tynnu

2×2

բազմապատկել
lluosi

հաշվել
cyfrifo

A

տառ
llythyren

ABCDEFG
HIJKLMN
OPQRSTU
VWXYZ

այբուբեն
gwyddor

hello

բառ
gair

տեքստ

testun

կարդալ

darllen

կավիճ

sialc

դաս

gwers

մատյան

cofrestr

քննություն

arholiad

վկայական

tystysgrif

դպրոցական համազգեստ

gwisg ysgol

կրթություն

addysg

հանրագիտարան

gwyddoniadur

համալսարան

prifysgol

մանրադիտակ

microsgop

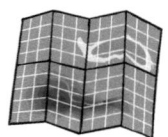

քարտեզ

map

աղբարկղ

basged papur gwastraff

հյուրանոց
gwesty

Grand

հանրակացարան
hostel

ROOMS

փոխանակման կետ
swyddfa gyfnewid

EXCHANGE

ճամպրուկ
cês dillad

ավտոմեքենա
car

լեզու
iaith

այո / ոչ
ie / na

Լավ
iawn

ողջույն
helo

թարգմանիչ
cyfieithydd

Շնորհակալություն
Diolch yn fawr

Որքա՞ն է ...?

faint yw ...?

Ես չեմ հասկանում

Dw i ddim yn deall

խնդիր

problem

Բարի երեկո

Noswaith dda!

Բարի լույս

Bore da!

Բարի երեկո

Nos da!

ցտեսություն

hwyl

ուղղություն

cyfarwyddyd

ուղղեբեռ

bagiau

պայուսակ

bag

մեջքի պայուսակ

gwarbac

հյուր

gwestai

սենյակ

ystafell

քնապարկ

sach gysgu

վրան

pabell

6   ճանապարհորդություն - teithio

Զբոսաշրջության
տեղեկատվական
gwybodaeth i ymwelwyr

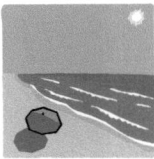

լողափ
....
traeth

ԿՐԵԴԻՏ քարտ
....
cerdyn credyd

նախաճաշ
....
brecwast

լանչ
....
cinio

ճաշ
....
swper

տոմս
....
tocyn

վերելակ
....
lifft

կնիք
....
stamp

սահման
....
ffin

մաքսային
....
tollau

դեսպանություն
....
llysgenhadaeth

մուտքի արտոնագիր
....
fisa

անձնագիր
....
pasbort

Փոխադրամիջոցներ

cludiant

նավ
llong
ինքնաթիռ
awyren
հրշեջ մեքենա
injan dân
բեռնատար մեքենա
lori
ավտոբուս
bws
մոտորանավա
ավտոմեքենա
car
հեծանիվ
beic

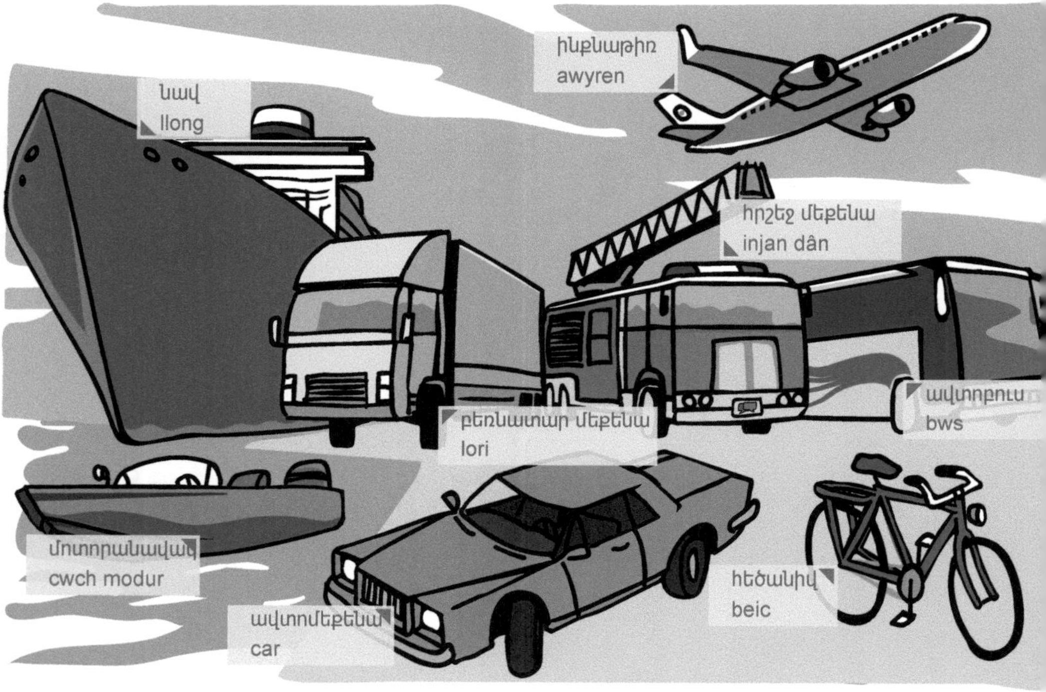

լաստանավ

fferi

նավակ

cwch

մոտոցիկլ

beic modur

ոստիկանության մեքենա

car yr heddlu

մրցարշավային մեքենա

car rasio

վարձակալվող մեքենա

car wedi'i rentu

մեքենայի վարձակալում

rhannu car

էվակուատոր

lori tynnu

աղբահանության մեքենա

lori ysbwriel

շարժիչ

modur

վառելիք

tanwydd

բենզալցակայան

gorsaf betrol

երթևեկության նշան

arwydd traffig

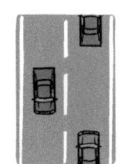

երթևեկություն

traffig

խցանում

tagfa draffig

ավտոկանգառ

maes parcio

երկաթուղային կայարան

gorsaf drennau

երկաթուղագիծ

traciau

գնացք

trên

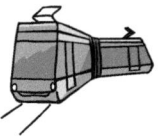

տրամվայ

tram

վագոն

wagen

ուղղաթիռ

hofrennydd

օդանավակայան

maes awyr

աշտարակ

tŵr

ուղեւոր

teithiwr

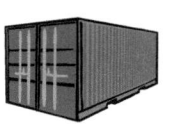

աման

cynhwysydd

խավաքարտ

paced

սայլ

cert

զամբյուղ

basged

հանեք / հողատարածք

esgyn / glanio

քաղաք

dinas

գյուղ

pentref

քաղաքի կենտրոնում

canol y ddinas

տուն

tŷ

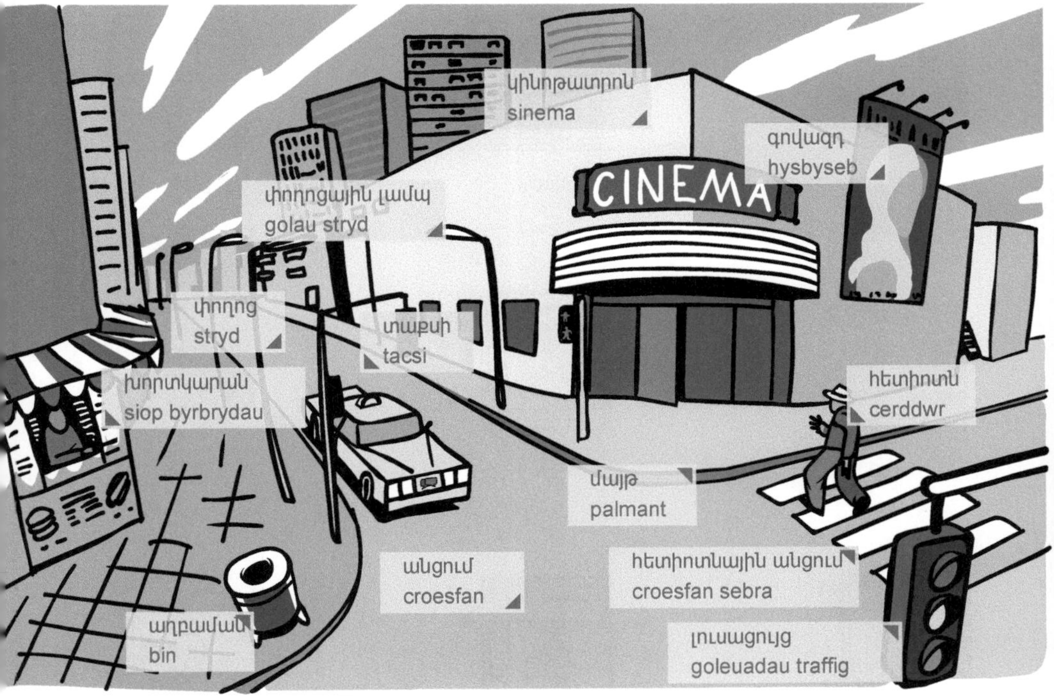

կինոթատրոն
sinema

գովազդ
hysbyseb

փողոցային լամպ
golau stryd

փողոց
stryd

տաքսի
tacsi

հետիոտն
cerddwr

խանութկառան
siop byrbrydau

մայթ
palmant

անցում
croesfan

հետիոտնային անցում
croesfan sebra

աղբաման
bin

լուսացույց
goleuadau traffig

CINEMA

խրճիթ

cwt

բնակարան

fflat

երկաթուղային կայարան

gorsaf drennau

քաղաքապետարան

neuadd y dref

թանգարան

amgueddfa

դպրոց

ysgol

համալսարան

prifysgol

բանկ

banc

հիվանդանոց

ysbyty

հյուրանոց

gwesty

դեղատուն

fferyllfa

գրասենյակ

swyddfa

գրքույկ խանութ

siop lyfrau

խանութ

siop

ծաղկի խանութ

siop flodau

սուպերմարկետ

archfarchnad

շուկա

farchnad

հանրախանութ

siop adrannol

ձկան խանութ

siop bysgod

առևտրի կենտրոն

canolfan siopa

նավահանգիստ

harbwr

զբոսայգի
parc

բանկերը
banc

կամուրջ
pont

աստիճաններ
grisiau

մետրո
rheilffordd danddaearol

թունել
twnnel

ավտոբուսի կանգառ
safle bws

բար
bar

ռեստորան
bwyty

փոստարկղ
blwch post

փողոցային նշան
arwydd stryd

ավտոկայանման հաշվիչ
mesurydd parcio

կենդանաբանական այգի
sŵ

լողավազան
pwll nofio

մզկիթ
mosg

քաղաք - dinas

ֆերմա
fferm

աղտոտման
llygredd

գերեզմանոց
mynwent

եկեղեցի
eglwys

խաղահրապարակ
maes chwarae

տաճար
teml

բնապատկեր
tirwedd

ֆելլ
deilen

ուղղության նշան
arwydd cyfeirio

ճանապարհի
ffordd

մարգագետին
dôl

քար
carreg

ծառ
coeden

արշավականներ
heiciwr

գետ
afon

խոտ
glaswellt

ծաղիկ
blodyn

հովիտ

cwm

բլուր

bryn

լիճ

llyn

անտառ

coedwig

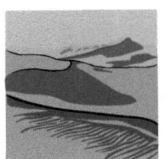

անապատ

anialwch

հրաբուխ

llosgfynydd

ամրոց

castell

ծիածան

enfys

սունկ

madarchen

արմավենու ծառ

palmwydden

մժեղ

mosgito

թռչել

pryf

մրջյուն

morgrugyn

մեղու

gwenyn

սարդ

pryf copyn

բզեզ

chwilen

գորտ

llyffant

սկյուռ

gwiwer

ոզնի

draenog

նապաստակ

ysgyfarnog

բու

tylluan

թռչուն

aderyn

կարապ

alarch

վարազ

baedd

եղջերու

carw

իշայծյամ

elc

պատնեշ

argae

քամին տուրբիններ

tyrbin gwynt

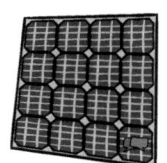

արեւային վահանակ

panel haul

կլիմա

hinsawdd

ռեստորան
bwyty

մատուցող
gweinydd
մենյու
bwydlen
աթոռ
cadair
ապուր
cawl
պիցցա
pitsa
սփռոց
lliain bwrdd
սպասք
cyllyll a ffyrc

ստարտեր

cwrs cyntaf

հիմնական կերակուր

prif gwrs

դեսերտ

pwdin

օրական

diodydd

սնունդ

bwyd

շիշ

potel

արագ սնունդ

bwyd cyflym

streetfood

bwyd y stryd

թեյնիկ

tebot

շաքարաման

powlen siwgr

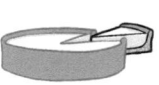

բաժին

dogn

էսպրեսսո մեքենա

peiriant espresso

մանկական աթոռ

cadair plentyn

օրինագիծ

bil

սկուտեղ

hambwrdd

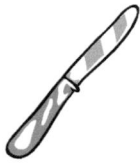

դանակ

cyllell

պատառաքաղ

fforc

գդալ

llwy

թեյի գդալ

llwy de

անձեռոցիկ

napcyn

ապակի

gwydr

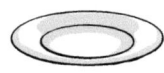

ափսե
plât

խոր ափսե
plât cawl

պնակ
soser

սոուս
saws

աղաման
pot halen

պղպեղի աղաց
melin bupur

քացախ
finegr

ձեթ
olew

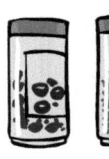

համեմունքներ
sbeisys

կետչուպ
saws coch

մանանեխ
mwstard

մայոնեզ
mayonnaise

սուպերմարկետ
archfarchnad

հատուկ առաջարկ
cynnig arbennig
FOR
հաճախորդ
cwsmer
Dairy
cynnyrch llaeth
միրգ
ffrwythau
գնումների սայլակ
troli

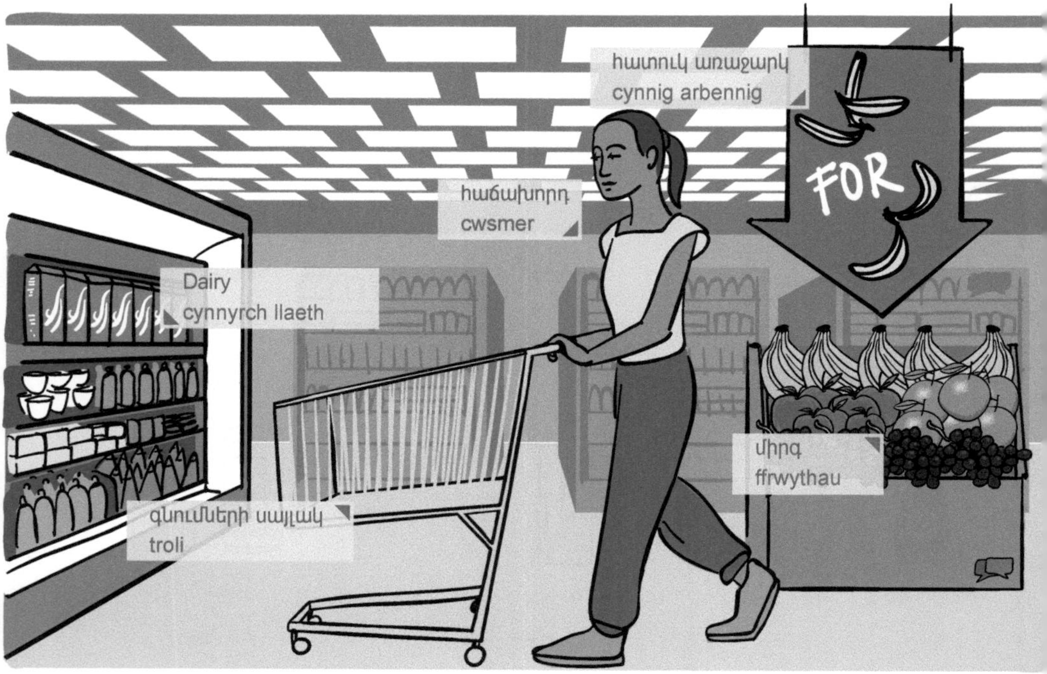

մսամթերքի խանութ

siop gig

հացամթերքի խանութ

siop fara

կշռել

pwyso

բանջարեղեն

llysiau

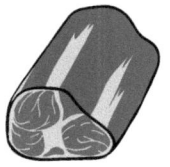

միս

cig

սառեցված սննդամթերքի

Bwyd wedi'i rewi

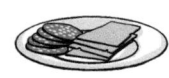

երշիկեղեն

cig oer

պահածոների

bwyd tun

լվացքի փոշի

powdr golchi

քաղցրավենիք

da-da

տնտեսական ապրանքներ

cynnyrch cartref

մաքրող միջոցներ

cynhyrchion glanhau

վաճառող

gwerthwraig

դրամարկղ

til

գանձապահ

ariannwr

գնումների ցուցակ

rhestr siopa

ժամերը

oriau agor

դրամապանակ

waled

ԿՐԵԴԻՏ քարտ

cerdyn credyd

պայուսակ

bag

պլաստիկ տոպրակ

bag plastig

օրական

diodydd

ջուր

dŵr

հյութ

sudd

կաթ

llefrith

կոլա

côc

գինի

gwin

գարեջուր

cwrw

սպիրտ

alcohol

կակաո

coco

թեյ

te

սուրճ

coffi

էսպրեսսո

espresso

կապուչինո

cappuccino

բանան

ffrwchledd

խնձոր

afal

նարնջի

oren

սեխ

melon

կիտրոն

lemwn

գազար

moronen

սխտոր

garlleg

բամբուկ

bambŵ

սոխ

nionyn

սունկ

madarchen

ընկուզեղեն

cnau

արիշտա

nwdls

սպագետտի

sbageti

բրինձ

reis

աղցան

salad

չիպս

sglodion

տապակած կարտոֆիլ

tatws wedi'u ffrïo

պիցցա

pitsa

համբուրգեր

hambyrger

սենդվիչ

brechdan

կոտլետ

cytled

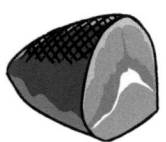

խոզապուխտ

ham

սալյամի

salami

երշիկ

selsig

հավ

cyw iâr

խորոված

rhost

ձուկ

pysgodyn

վարսակի փաթիլներ

ceirch uwd

մյուսլի

miwsli

եգիպտացորենի փաթիլներ

creision ŷd

ալյուր

blawd

կրուասան

croissant

բուլկի

bynsen

հաց

bara

տոստ

tost

թխվածքաբլիթներ

bisgedi

կարագ

menyn

կաթնաշոռ

ceuled

տորթ

teisen

ձու

wy

տապակած ձու

wy wedi'i ffrïo

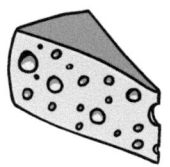

պանիր

caws

պաղպաղակ

hufen iâ

շաքար

siwgr

մեղր

mêl

ջեմ

jam

նուգա սերուցք

siocled taenu

կարրի

cyri

ֆերմա
fferm

ֆերմային տնակ
ffermdy
ծղոտի դեզ
bwrn gwellt
գոմ
ysgubor
դաշտ
maes
ձի
ceffyl
կցասայլ
ôl-gerbyd
տրակտոր
tractor
քուռակ
ebol
ավանակ
asyn
ոչխար
dafad
գառ
oen

այծ

gafr

կով

buwch

հորթ

llo

խոզ

mochyn

խոճկոր

porchell

ցուլ

tarw

ֆերմա - fferm 27

սագ
gwydd

բադ
hwyaden

ճուտ
cyw

հավ
iâr

աքլոր
ceiliog

առնետ
llygoden fawr

կատու
cath

մուկ
llygoden

ցուլ
ych

շուն
ci

շան բուն
cwt ci

այգու փողրակ
pibell ddŵr

watering կարող է
can dŵr

գերանդի
pladur

գութան
aradr

մանգաղ

cryman

թոխր

fforch chwynu

եղան

picwarch

կացին

bwyell

միանիվ ձեռնասայլակ

berfa

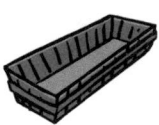

կերակրատաշտ

cafn

կաթի բիդոն

tun llefrith

պարկ

sach

ցանկապատ

ffens

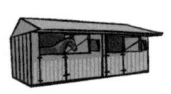

կայուն

stabl

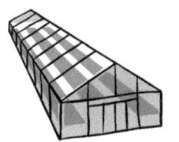

ջերմոց

tŷ gwydr

հող

pridd

սերմ

hedyn

պարարտանյութ

gwrtaith

բերքահավաք կոմբայն

dyrnwr medi

բերք

cynaeafu

բերք

cynhaeaf

յամս

iamau

ցորեն

gwenith

սոյա

soi

կարտոֆիլ

tysen

եգիպտացորեն

grawn

rapeseed

had rêp

մրգային ծառ

coeden ffrwythau

manioc

manioc

շիլաներ

grawnfwydydd

ֆերմա - fferm

տուն

tŷ

ծխնելույզ
simnai
տանիք
to
ջրհորդան խողովակ
peipen law
պատուհան
ffenestr
ավտոտնակ
garej
դռան զանգ
cloch y drws
դուռ
drws
աղբարկղ
bin sbwriel
փոստարկղ
blwch post
պարտեզ
gardd

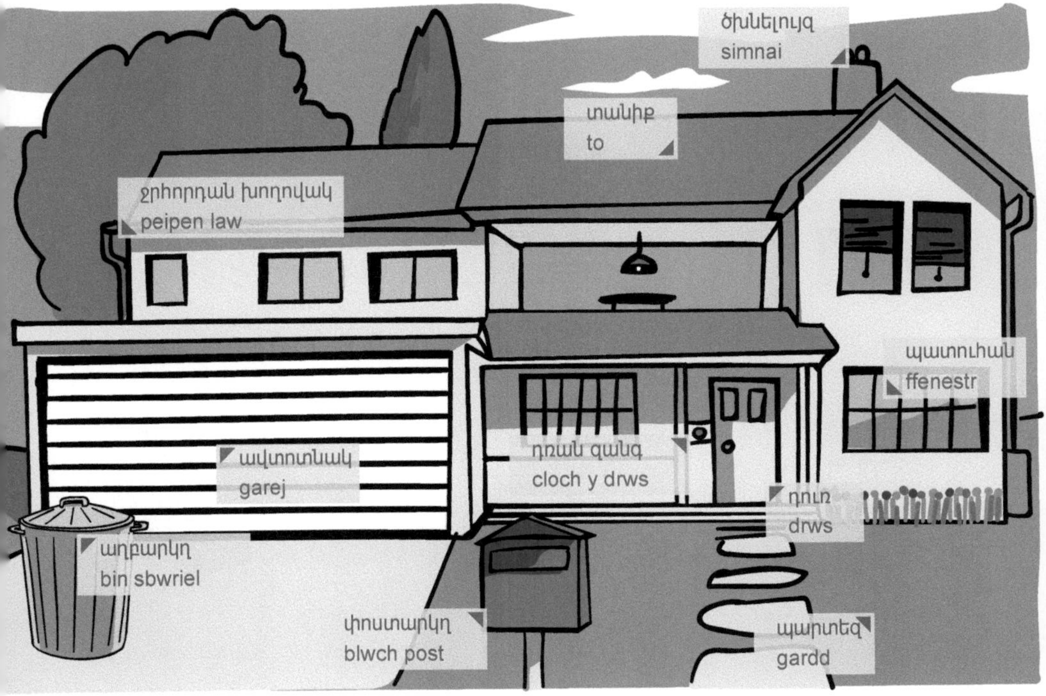

հյուրասենյակ

lolfa

լողասենյակ

ystafell ymolchi

խոհանոց

cegin

ննջարան

ystafell wely

մանկական սենյակ

ystafell plentyn

ճաշասենյակ

ystafell fwyta

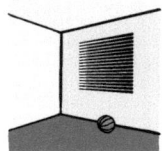

հարկ
....
llawr

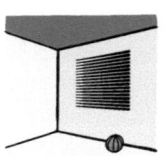

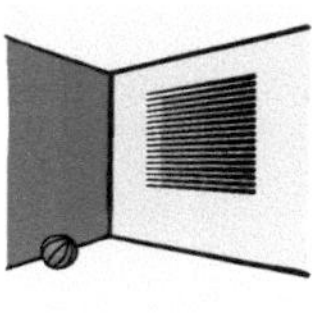

պատ
....
wal

առաստաղ
....
nenfwd

նկուղ
....
seler

շոգեբաղնիք
....
sawna

պատշգամբ
....
balconi

պատշգամբ
....
teras

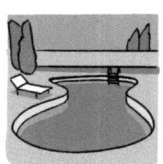

ավազան
....
pwll

խոտհնձիչ
....
peiriant torri gwair

թերթ
....
taflen

անկողնու ծածկոց
....
gorchudd gwely

մահճակալ
....
gwely

ավել
....
ysgub

դույլ
....
bwced

անջատիչ
....
swits

հյուրասենյակ
lolfa

պաստառ
papur wal
նկար
llun
լամպ
lamp
դարակ
silff
բուֆետ
cwpwrdd
հեռուստացույց
teledu
բուխարի
lle tân
ծաղիկ
blodyn
բարձ
clustog
բազմոց
soffa
սկահակ
fâs
հեռակառավարման վահանակ
rheolydd o bell

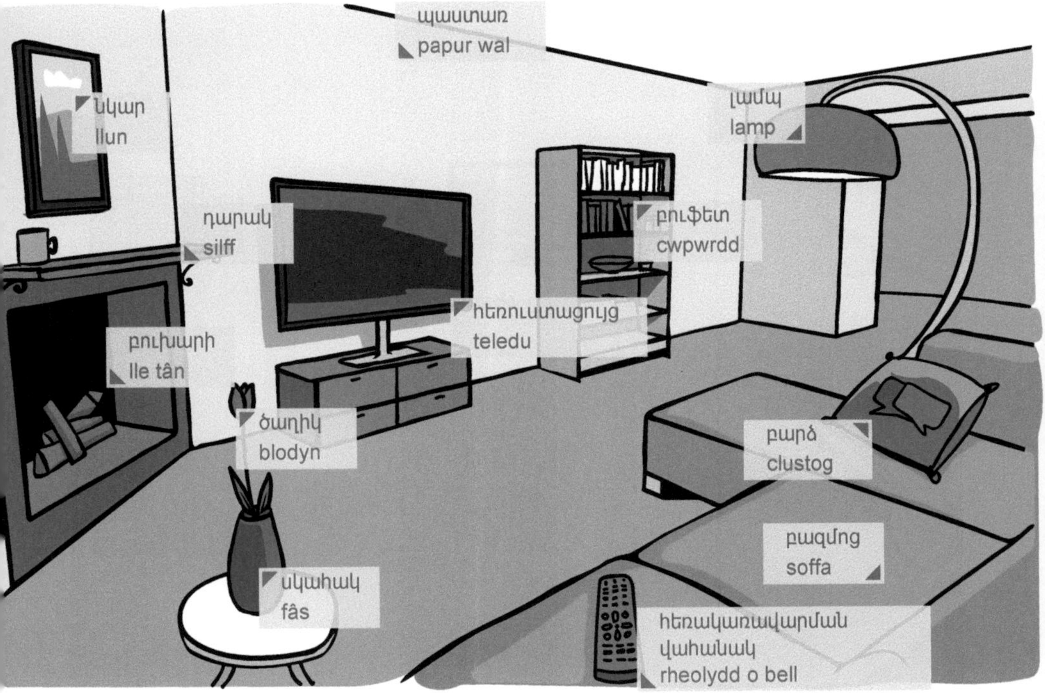

գորգ
carped

վարագույր
llen

սեղան
bwrdd

աթոռ
cadair

ճոճվող բազկաթոռ
cadair siglo

բազկաթոռ
cadair freichiau

գիրք
....
llyfr

վերմակ
....
blanced

զարդարանք
....
addurn

վառելափայտ
....
coed tân

ֆիլմ
....
ffilm

hi-fi
....
hi-fi

բանալի
....
agoriad

թերթ
....
papur newydd

նկար
....
darlun

պլակատ
....
poster

ռադիո
....
radio

տետր
....
llyfr nodiadau

փոշեկուլ
....
hwfer

կակտուս
....
cactws

մոմ
....
cannwyll

խոհանոց
cegin

սառնարանի
oergell
միկրոալիքային վառարան
popty micro-don
խոհանոցի կշեռք
clorian gegin
տոստեր
tostiwr
լվացող հեղուկ
gwlybwr
վառարան
popty
սառնարան
rhewgist
աղբարկղ
bin sbwriel
աման լվացող սարք
peiriant golchi llestri

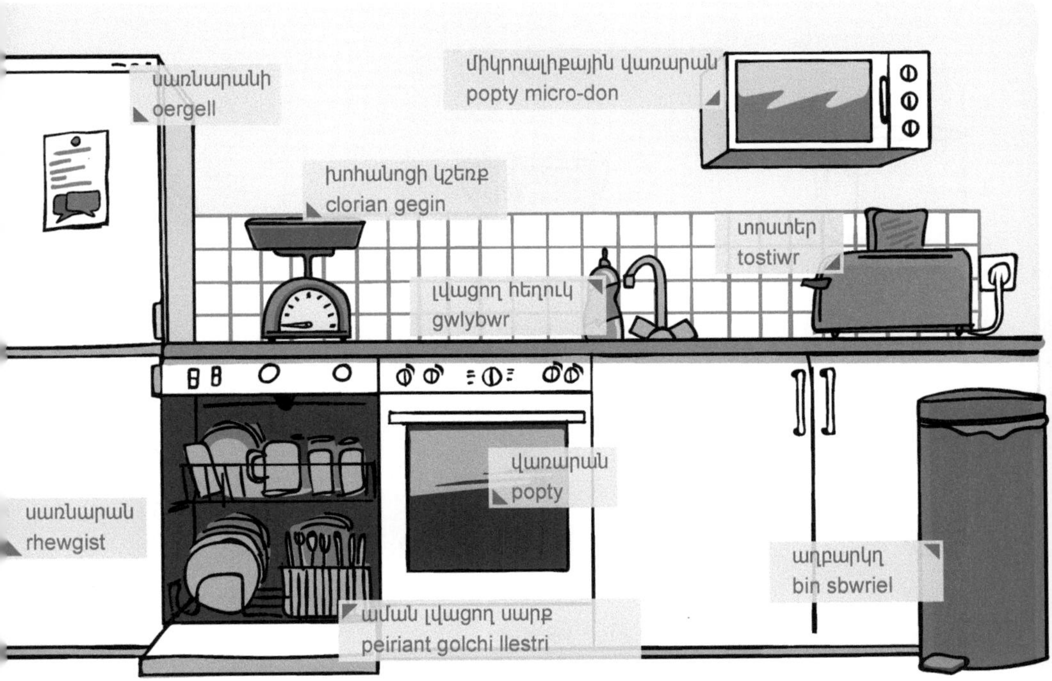

կաթսա

popty

կճուճ

pot

թուջե աման

pot haearn bwrw

wok / kadai

wok / kadai

թավա

padell

թեյնիկ

tegell

խոհանոց - cegin 35

շոգենավ
....
sosban stemio

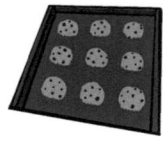

ջեռոցի սկուտեղ
....
hambwrdd pobi

ամանեղեն
....
llestri

բաժակ
....
mwg

խորը աման
....
powlen

փայտիկներ
....
gweill bwyta

շերեփ
....
lletwad

խոհանոցային բահիկ
....
ysbodol

հարել
....
chwisg

քամիչ
....
hidlydd

մաղ
....
gogr

քերիչ
....
gratiwr

հավանգ
....
morter

խորոված
....
barbeciw

բաց կրակի
....
tân agored

խոհանոց - cegin

տախտակ

bwrdd torri cig

գրտնակ

rholbren

խցանահան

tynnwr corcyn

բանկա

tun

բացիչ

peth agor tuniau

խոհանոցային բռնիչ

clwt pot

լվացարան

sinc

խոզանակ

brws

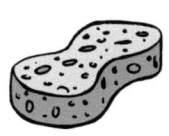

սպունգ

sbwng

բլենդեր

peiriant cymysgu

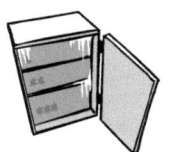

սառնարան

rhewgell

մանկական շիշ

potel babi

թակել

tap

լողասենյակ
ystafell ymolchi

ջեռուցում
gwres
ցնցուղ
cawod
սրբիչ
tywel
լոգարանի վարագույր
llen gawod
փրփուրով վաննա
baddon ewyn
լոգարան
baddon
ապակի
gwydr
լվացքի մեքենա
peiriant golchi
թակել
tap
սալիկներ
teils
մանր
potyn
լվացարան
sinc

զուգարան
tŷ bach

կզելը զուգարան
toiled cyrcydu

բիդե
bidet

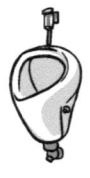

pissoir
troethfa

զուգարանի թուղթ
papur tŷ bach

զուգարանի խոզանակ
brws tŷ bach

ատամի խոզանակ

brws dannedd

ատամի քսուք

past dannedd

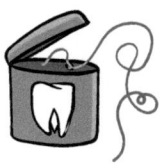

ատամի թել

edau ddannedd

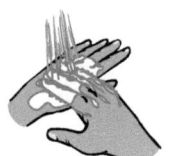

լվանալ

golchi

ձեռքի ցնցուղ

cawod llaw

ցնցուղ

golchfa

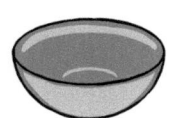

ավազան

basn

մեջքի խոզանակ

brws-ôl

օճառ

sebon

լոգանքի գել

gel cawod

շամպուն

siampŵ

ճիլոպ

gwlanen

հատականցք

ffos

կրեմ

hufen

դեզոդորանտ

diaroglydd

հայելի

drych

ձեռքի հայելի

drych llaw

սափրիչ

rasel

Սափրվելու փրփուր

ewyn eillio

սափրվելուց հետո քսվող լոսյոն

sent eillio

սանր

crib

խոզանակ

brws

մազերի չորացուցիչ

sychwr gwallt

մազի լաք

chwistrell gwallt

դիմահարդարում

colur

շրթնաներկ

minlliw

եղունգների լաք

farnais ewinedd

բամբակ

gwlân cotwm

եղունգների մկրատ

siswrn ewinedd

օծանելիք

persawr

դիմահարդարման պայուսակ

bag ymolchi

աթոռակ

stôl

կշեռք

clorian

լողանալու խալաթ

gŵn baddon

ռետինե ձեռնոցներ

menig rwber

տամպոն

tampon

սանիտարական սրբիչ

tywel misglwyf

քիմիական զուգարան

toiled cemegol

մանկական սենյակ

ystafell plentyn

զարթուցիչ ժամացույց
cloc larwm
փափուկ խաղալիք
tegan anwes
խաղալիք մեքենա
car tegan
բլբլալ
cleciwr
տիկնիկների տնակ
tŷ dol
ներկա
anrheg

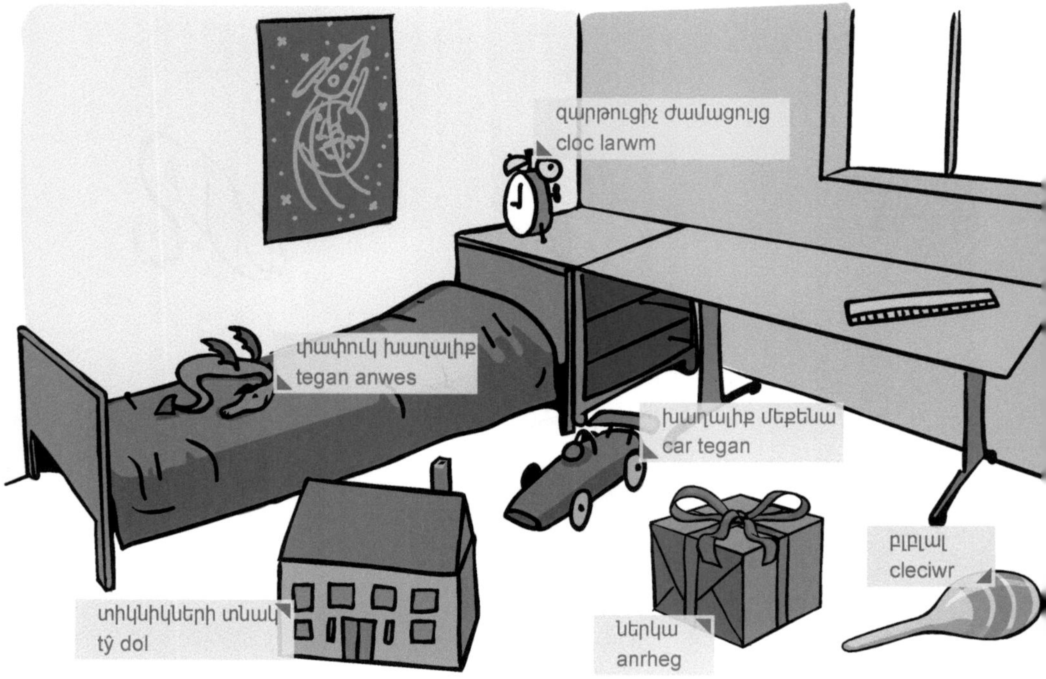

փուչիկ

balŵn

մահճակալ

gwely

մանկական սայլակ

pram

խաղաթղթեր

pecyn o gardiau

խճապատկեր

jig-so

կոմիքս

comic

Լեգո կուբիկներ

brics Lego

կառուցողական
խաղալիքներ
blociau adeiladu

ակցիան գործիչ

ffigur gweithredu

մանկական բոդի

babygro

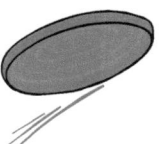

Frisbee

ffrisbi

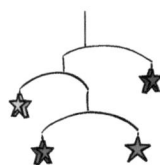

շարժական

ffôn symudol

խաղատախտակ

gêm fwrdd

զառախաղ

deis

գնացքների կազմ

set model trên

ծծակ

teth lwgu

կուսակցություն

parti

մանկական
պատկերազարդ գիրք
llyfr lluniau

գնդակ

pêl

տիկնիկ

dol

խաղալ

chwarae

ավազե խաղահրապարակի

pwll tywod

ռիթմ

swing

խաղալիքներ

teganau

վիդեո խաղ մխիթարել

consol gemau fideo

եռանիվ հեծանիվ

beic tair olwyn

խաղալիք արջուկ

tedi

պահարան

cwpwrdd dillad

հագուստ

dillad

կիսագուլպա

hosanau

գուլպա

hosanau

զուգագուլպա

teits

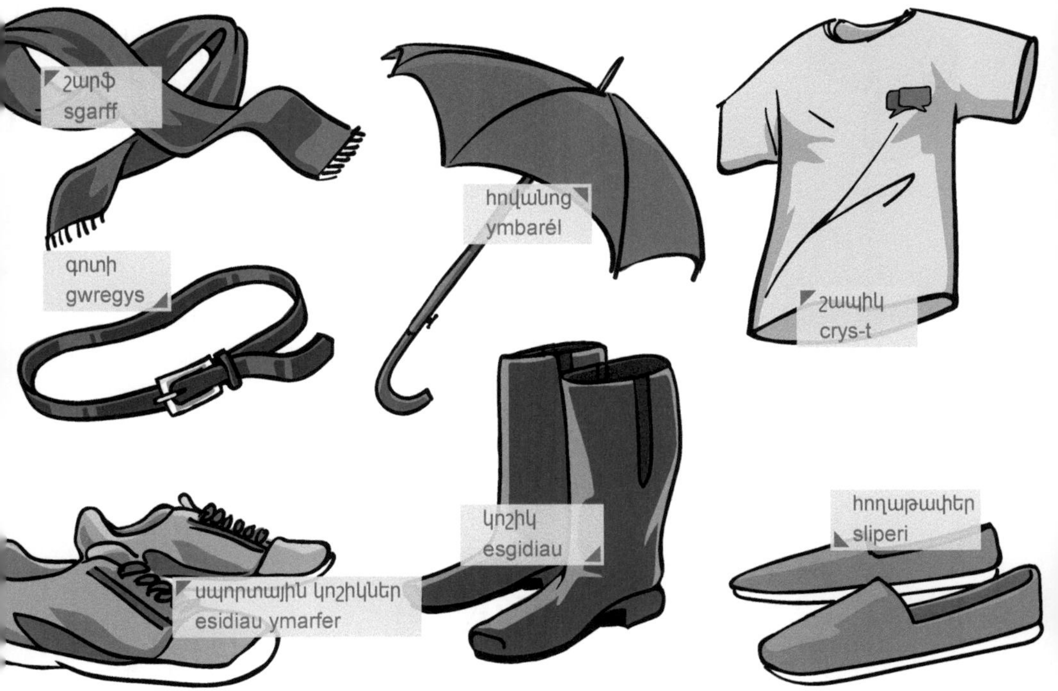

շարֆ
sgarff
հովանոց
ymbarél
շապիկ
crys-t
գոտի
gwregys
կոշիկ
esgidiau
հողաթափեր
sliperi
սպորտային կոշիկներ
esidiau ymarfer

սանդալներ

sandalau

կոշիկ

esgidiau

ռետինե կոշիկներ

esgidiau rwber

վարտիք

trôns

կրծկալ

bra

մայկա

fest

մարմին

corff

անդրավարտիք

trowsus

ջինս

jîns

կիսաշրջազգեստ

sgert

բլուզ

blows

վերնաշապիկ

crys

պուլովեր

pwlofer

սպորտային կուրտկա

hwdi

պիջակ

blaser

կուրտկա

siaced

վերարկու

côt

անձրևանոց

côt law

կանացի կոստյում

gwisg

զգեստ

gŵn

հարսանյաց զգեստ

gwisg briodas

տղամարդու կոստյում

siwt

գիշերանոց

gŵn nos

պիժամա

pyjamas

Սարի

sari

գլխաշորն

sgarff pen

չալմա

tyrban

չադրա

bwrca

արևելյան խալաթ

cafftan

հաստ վերարկու

abaya

կանացի լողազգեստ

gwisg nofio

տղամարդու լողազգեստ

trowsus nofio

շորտ

siorts

ւպորտային համազգեստ

tracwisg

գոգնոց

ffedog

ձեռնոցներ

menig

կոճակ

botwm

ակնոց

sbectol

ապարանջան

breichled

վզնոց

cadwyn

մատանի

modrwy

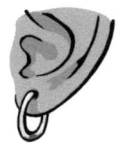

ականջօղ

clustdlws

գլխարկ

cap

կախիչ

cambren

գլխարկ

het

փողկապ

tei

շղթա

sip

սաղավարտ

helmed

տաբատակալ

fframiau danedd

դպրոցական համազգեստ

gwisg ysgol

համազգեստ

gwisg

մանկական գոգնոց
bib

ծծակ
teth lwgu

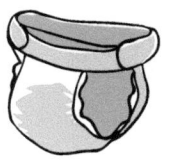

մանկական տակդիր
cewyn

գրասենյակ
swyddfa

սերվեր
gweinydd
գրասենյակային պահարան
cwrpwrdd ffeilio
տպիչ
argraffydd
թուղթ
papur
մոնիտոր
monitor
գրասեղան
desg
մկնիկ
llygoden
թղթապանակ
ffolder
ստեղնաշար
bysellfwrdd
աթոռ
cadair
աղբարկղ
basged papur gwastraff
համակարգիչ
cyfrifiadur

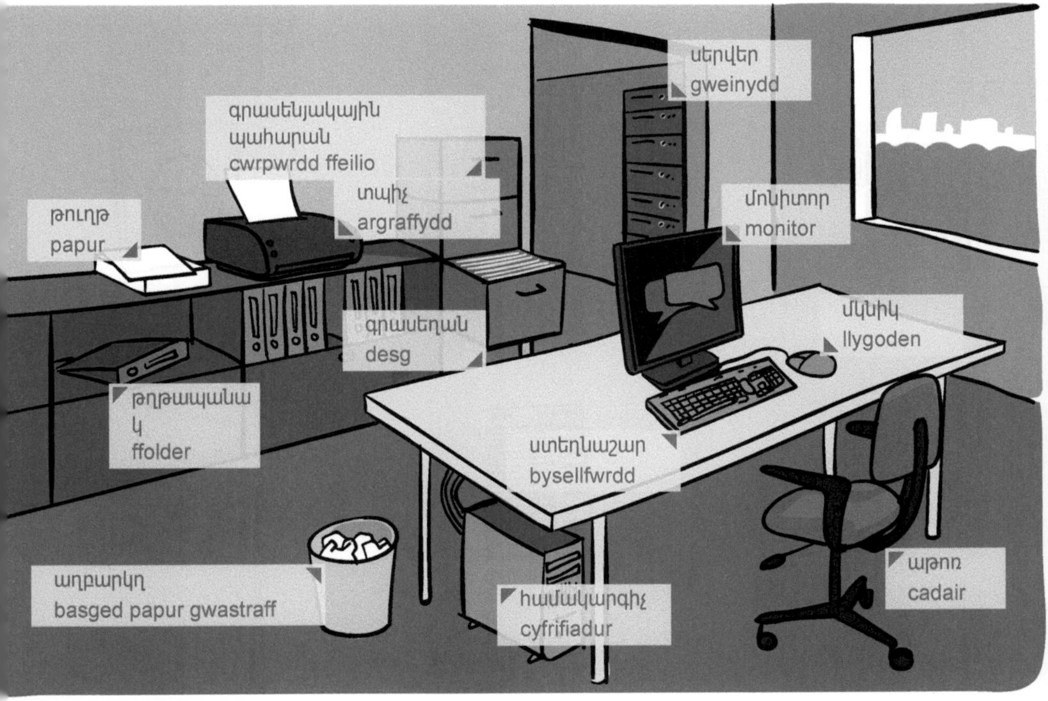

սուրճի գավաթ
mwg coffi

հաշվիչ
cyfrifiannell

ինտերնետ
rhyngrwyd

գրասենյակ - swyddfa 49

laptop

gliniadur

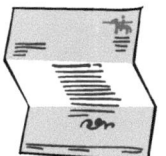

նամակ

llythyr

հաղորդագրություն

neges

բջջային հեռախոս

ffôn symudol

ցանց

rhwydwaith

պատճենահանման սարք

llungopïwr

ծրագրային ապահովում

meddalwedd

հեռախոս

teleffon

վարդակ

soced plwg

ֆաքսի մեքենա

peiriant ffacs

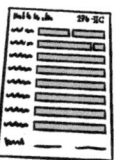

տեսակ

ffurflen

փաստաթուղթ

dogfen

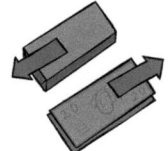

գնել

prynu

վճարել

talu

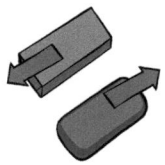

առեւտրի

masnachu

փող

arian

դոլար

doler

եվրո

ewro

իեն

yen

ռուբլի

rwbl

շվեյցարական ֆրանկ

ffranc y Swistir

յուան

yuan renminbi

ռուպի

rwpi

բանկոմատ

peiriant arian

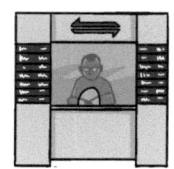

փոխանակման կետ

swyddfa gyfnewid

ոսկի

aur

արծաթ

arian

նավթ

olew

էներգիա

ynni

գին

pris

պայմանագիր

contract

հարկ

treth

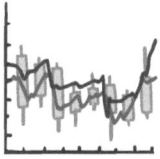

ակցիաներ

stoc

աշխատանք

gweithio

ծառայող

cyflogai

գործատու

cyflogwr

գործարան

ffatri

խանութ

siop

swyddi

ոստիկան
swyddog heddlu
հրշեջ
diffoddwr tân
խոհարար
cogydd
բժիշկ
meddyg
օդաչու
peilot

այգեպան
garddwr

ատաղձագործ
saer

դերձակուհի
gwniadwraig

դատավոր
barnwr

քիմիկոս
fferyllydd

դերասան
actor

ավտոբուսի վարորդ

gyrrwr bws

տաքսու վարորդ

gyrrwr tacsi

ձկնորս

pysgotwr

հավաքարար

glanhawraig

տանիքագործ

töwr

մատուցող

gweinydd

որսորդ

heliwr

նկարիչ

paentiwr

հացթուխ

pobydd

էլեկտրատեխնիկ

trydanwr

շինարար

adeiladwr

ինժեներ

peiriannydd

մսագործ

cigydd

ջրմուղագործ

plymiwr

փոստատար

dyn y post

զինվոր

milwr

ճարտարապետ

pensaer

գանձապահ

ariannwr

ծաղկավաճառ

gwerthwr blodau

վարսավիր

triniwr gwallt

տոմսավաճառ

archwiliwr tocynnau
rheilffordd

մեխանիկ

mecanydd

կապիտան

capten

ատամնաբույժ

deintydd

գիտնական

gwyddonydd

ռաբբի

rabi

Իմամ

imam

կուսակրոն

mynach

հոգևորական

clerigwr

գործիքներ
offer

մուրճ
morthwyl
տափակաբերան
աքցան
gefail
պտուտակահա
ն
tyrnsgriw
դարձակ
sbaner
լապտեր
fflashlamp

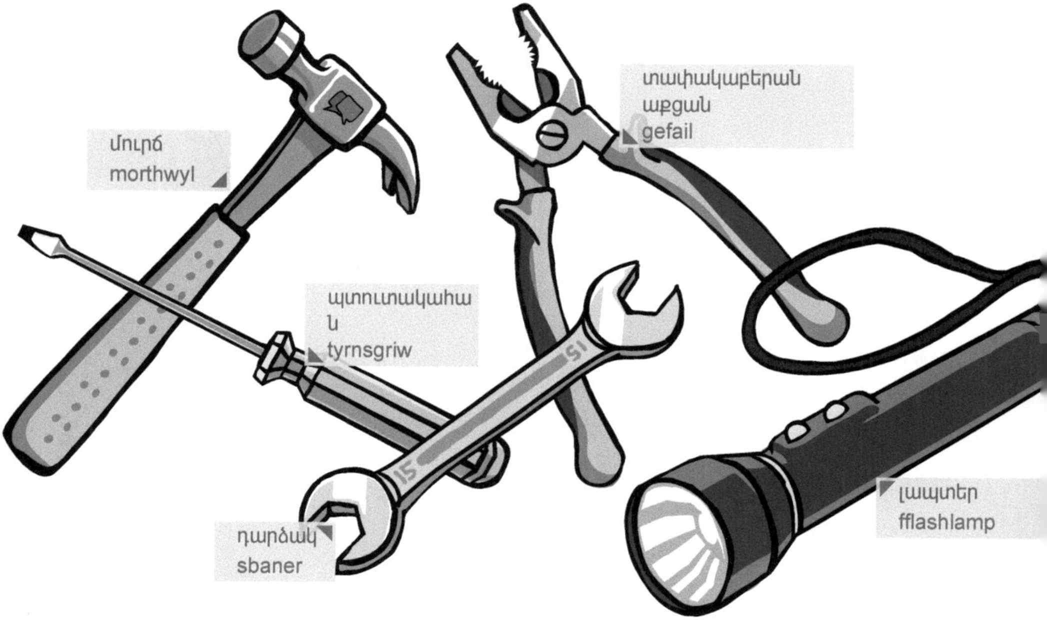

էքսկավատոր
turiwr

գործիքների տուփ
blwch offer

սանդուղք
ysgol

սղոց
llif

մեխեր
hoelion

գայլիկոն
dril

նորոգում

trwsio

բահ

rhaw

գրողը տանի

Daria!

գոգաթիակ

rhaw lwch

ներկաման

pot paent

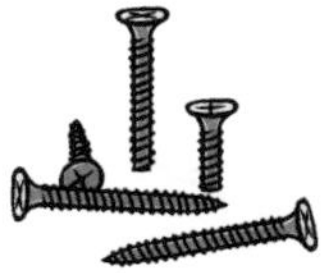

պտուտակներ

sgriwiau

երաժշտական գործիքներ

offerynnau cerdd

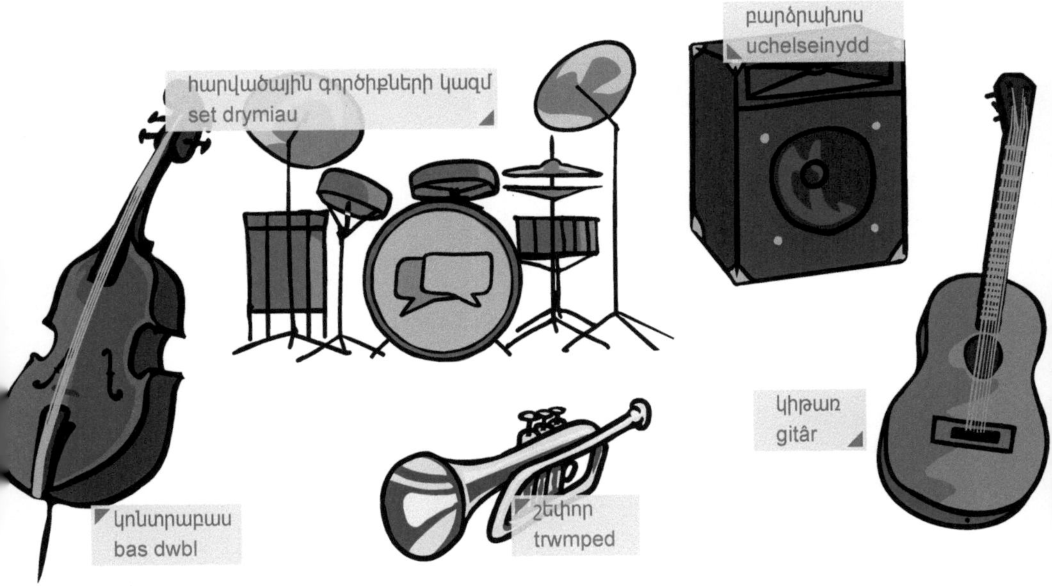

բարձրախոս
uchelseinydd
հարվածային գործիքների կազմ
set drymiau
կիթառ
gitâr
կոնտրաբաս
bas dwbl
շեփոր
trwmped

դաշնամուր

piano

ջութակ

ffidil

բաս

bas

թմբուկներ

timpani

հարվածային գործիքներ

drymiau

ստեղնաշար

cyweirfwrdd

սաքսոֆոն

sacsoffon

ֆլեյտա

ffliwt

միկրոֆոն

meicroffon

կենդանաբանական այգի

sŵ

մուտք
mynediad
վագր
teigr
վանդակ
cawell
զեբր
sebra
կենդանիների կերակուր
bwyd anifeiliaid
պանդա
panda

կենդանիներ

anifeiliaid

փիղ

eliffant

կենգուրու

cangarŵ

ռնգեղջյուր

rhinoseros

գորիլա

gorila

գորշ արջ

arth

ուղտ

camel

ջայլամ

estrys

առյուծ

llew

կապիկ

mwnci

ֆլամինգո

fflamingo

թութակ

parot

բևեռային արջ

arth wen

պինգվին

pengwin

շնաձուկ

siarc

սիրամարգ

paun

օձ

neidr

կոկորդիլոս

crocodeil

կենդանաբանական այգու
աշխատող
gofalwr sŵ

փոկ

morlo

յագուար

jagwar

պոնի

merlyn

ընձառյուծ

llewpard

գետաձի

hipo

ընձուղտ

jiráff

արծիվ

eryr

վարազ

baedd

ձուկ

pysgodyn

կրիա

crwban

ծովացուլ

walrws

աղվես

llwynog

վիթ

gafrewig

սպորտներ
chwaraeon

pêl-droed America
հեծանվավազք
beicio
թենիս
tennis
բասկետբոլ
pêl-fasged
լող
nofio
բռնցքամարտ
bocsio
հոկեյ
hoci iâ

ֆուտբոլ

pêl-droed

բադմինտոն

badminton

աթլետիկա

athletau

ձեռքի գնդակ

pêl-law

դահուկային սպորտ

sgïo

պոլո

polo

ցատկել
neidio
ծիծաղել
chwerthin
գրկել
cofleidio
քայլել
cerdded
երգել
canu
երազել
breuddwydio
աղոթել
gweddïo
համբուրել
cusanu

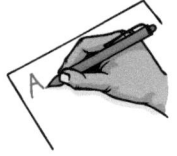

գրել
ysgrifennu

նկարել
tynnu

ցույց տալ
dangos

հրել
gwthio

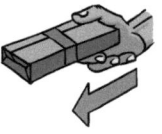

տալ
rhoi

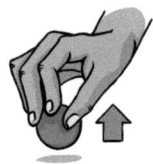

վերցնել
cymryd

ունենալ
·················
bod gan

դեպի
·················
gwneud

լինել
·················
bod

կանգնել
·················
sefyll

վազել
·················
rhedeg

քաշել
·················
tynnu

նետել
·················
taflu

ընկնել
·················
disgyn

ստել
·················
gorwedd

սպասել
·················
aros

կրել
·················
cario

նստել
·················
eistedd

հագնվել
·················
gwisgo amdanoch

քնել
·················
cysgu

արթնանալ
·················
deffro

նայել
edrych ar

լացել
crïo

շոյել
anwesu

սանրվել
cribo

խոսել
siarad

հասկանալ
deall

հարցնել
gofyn

լսել
gwrando

խմել
yfed

ուտել
bwyta

հարդարվել
tacluso

սիրել
caru

խոհարար
coginio

քշել
gyrru

թռչել
hedfan

լողալ

hwylio

հաշվել

cyfrifo

կարդալ

darllen

սովորել

dysgu

աշխատանք

gweithio

ամուսնանալ

priodi

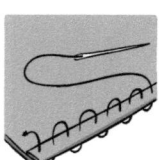

կարել

gwnïo

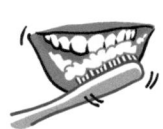

ատամները լվանալ

brwsio dannedd

սպանել

lladd

ծուխ

ysmygu

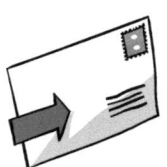

ուղարկել

anfon

տատիկ
nain

պապիկ
taid

հայր
tad

մայր
mam

երեխա
baban

դուստր
merch

որդի
mab

հյուր
gwestai

հորաքույր
modryb

հորեղբայր
ewythr

եղբայր
brawd

քույր
chwaer

մարմին

corff

ճակատ
talcen
աչք
llygad
դեմք
wyneb
կզակ
gên
մատ
bys
ձեռք
llaw
կուրծք
bron
թև
braich
ուս
ysgwydd
ոտք
coes

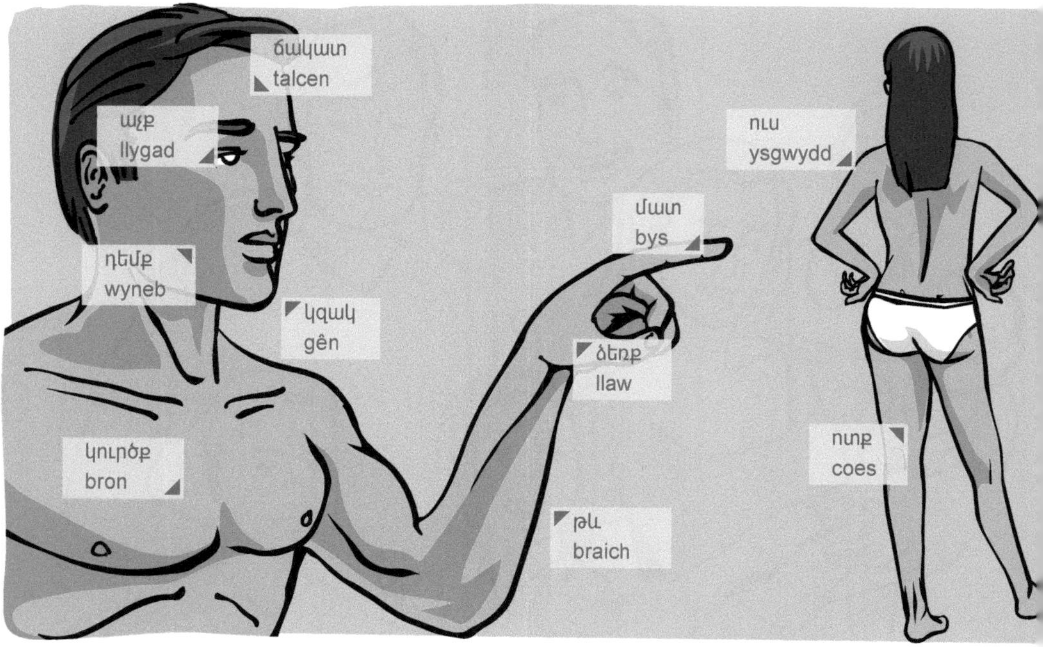

երեխա

baban

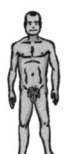

մարդ

dyn

կին

gwraig

աղջիկ

geneth

տղա

bachgen

գլուխ

pen

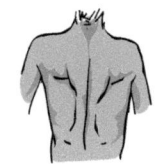

մեջք

cefn

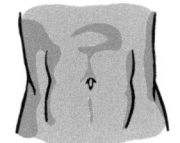

փոր

bel

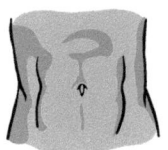

պորտ

bogail

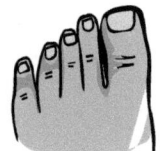

ոտնամատ

bys troed

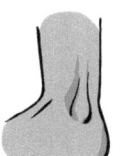

կրունկ

sawdl

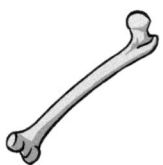

ոսկոր

asgwrn

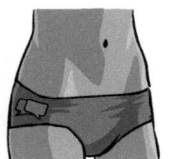

ազդր

clun

ծունկ

pen-glin

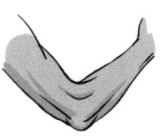

արմունկ

penelin

քիթ

trwyn

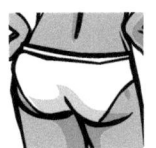

հետույք

pen ôl

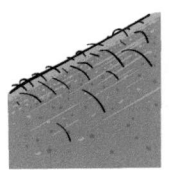

մաշկ

croen

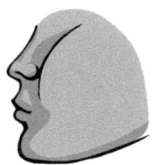

այտ

boch

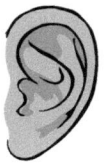

ականջ

clust

շրթունք

gwefus

բերան

ceg

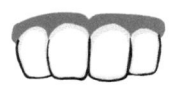

ատամ

dant

լեզու

tafod

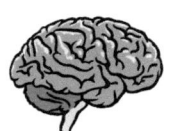

ուղեղ

ymennydd

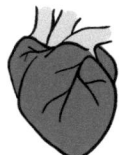

սիրտ

calon

մկան

cyhyr

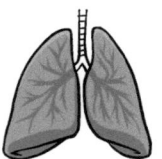

թոք

ysgyfaint

լյարդ

iau

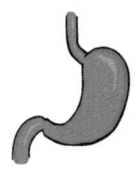

ստամոքս

stumog

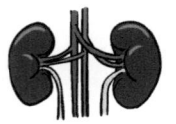

երիկամներ

arennau

սեքս

rhyw

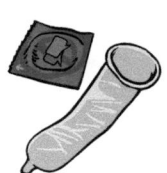

պահպանակներ

condom

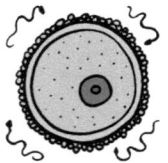

ծվաբջիջը

ofwm

Սեմյոն

semen

հղիություն

beichiogrwydd

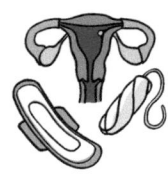

դաշտան

mislif

հեշտոց

fagina

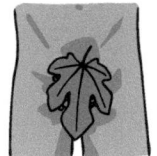

առնանդամ

pidyn

հոնք

ael

մազ

gwallt

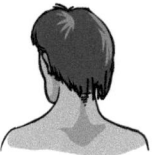

պարանոց

gwddf

մարմին - corff

հիվանդանոց
ysbyty

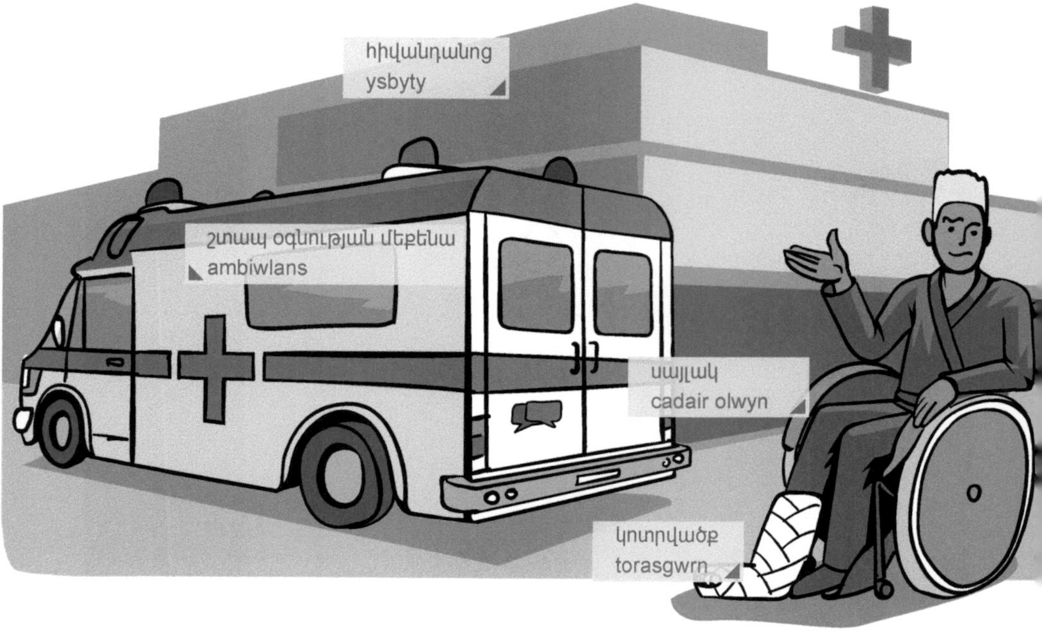

հիվանդանոց
ysbyty
շտապ օգնության մեքենա
ambiwlans
սայլակ
cadair olwyn
կոտրվածք
torasgwrn

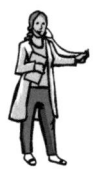

բժիշկ
meddyg

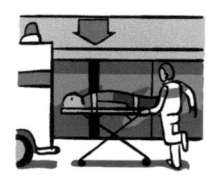

շտապ օգնության սենյակ
ystafell argyfwng

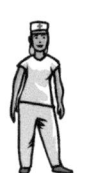

բուժքույր
nyrs

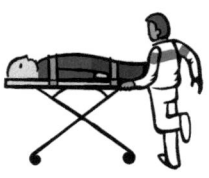

շտապ օգնություն
argyfwng

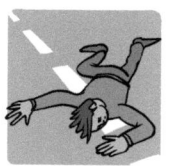

անգիտակից
anymwybodol

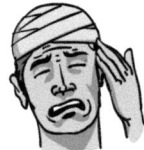

ցավ
poen

վնասվածք

anaf

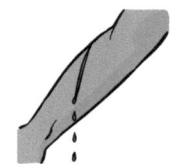

արյունահոսություն

gwaedu

սրտի կաթված

trawiad ar y galon

կաթված

strôc

ալերգիա

alergedd

հազ

peswch

տենդ

twymyn

գրիպ

ffliw

փորլուծություն

dolur rhydd

գլխացավ

cur pen

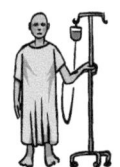

քաղցկեղ

canser

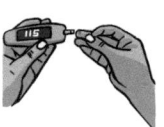

դիաբետ

diabetes

վիրաբույժ

llawfeddyg

վիրադանակ

fflaim

վիրահատություն

gweithrediad

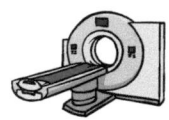

CT

CT

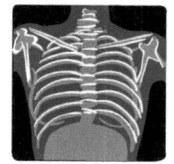

ռենտգեն

pelydr-x

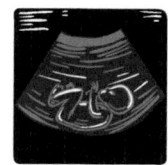

ուլտրաձայնային

uwchsain

դեմքի դիմակ

mwgwd wyneb

հիվանդություն

clefyd

սպասասրահ

ystafell aros

հենակ

bagl

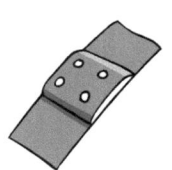

սպեղանի

plastr

վիրակապ

rhwymyn

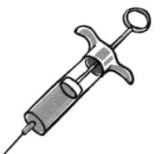

ներարկում

pigiad

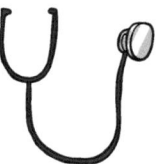

լսափողակ

stethosgop

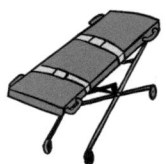

պատգարակ

elorwely

ջերմաչափ

thermomedr clinigol

ծնունդ

genedigaeth

ավելաքաշ

dros bwysau

լսելով օգնության
cymorth clyw

ախտահանիչ
diheintydd

վարակ
haint

վիրուս
firws

ՄԻԱՎ / ՁԻԱՀ
HIV / AIDS

դեղորայք
meddygaeth

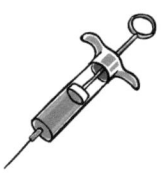

պատվաստում
brechiad

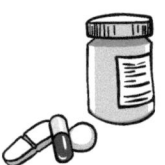

հաբեր
tabledi

հաբ
y bilsen

ահազանգ
galwad frys

արյան ճնշման չափիչ սարք
monitor pwysau gwaed

հիվանդ / առողջ
yn sâl / yn iach

Շտապ օգնություն

argyfwng

Օգնություն!

Help!

տագնապի ազդանշան

larwm

հարձակում

ymosodiad

հարձակում

ymosodiad

վտանգ

perygl

վթարային ելք

allanfa argyfwng

Հրդեհ

Tân!

կրակմարիչ

diffoddwr tân

վթար

damwain

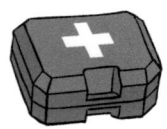

առաջին օգնության դեղարկղ

pecyn cymorth cyntaf

SOS

SOS

ոստիկանություն

heddlu

Եվրոպա

Ewrop

Հյուսիսային Ամերիկա

Gogledd America

Հարավային Ամերիկա

De America

Աֆրիկա

Affrica

Ասիա

Asia

Ավստրալիա

Awstralia

Ատլանտյան օվկիանոս

Iwerydd

Խաղաղ օվկիանոս

y Môr Tawel

Հնդկական օվկիանոս

Cefnfor yr India

Հարավային Սառուցյալ
օվկիանոս
Cefnfor yr Antarctig

Հյուսիսային Սառուցյալ
օվկիանոս

Cefnfor yr Arctig

հյուսիսային բևեռ

Pegwn y Gogledd

հարավային բևեռ

Pegwn y De

Անտարկտիդա

Antarctica

երկիր

y Ddaear

ցամաք

tir

ծով

môr

կղզի

ynys

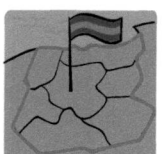

ազգ

cenedl

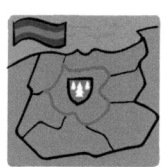

պետական

gwladwriaeth

ժամացույց

cloc

թվատախտակ

wyneb cloc

ժամի սլաք

bys awr

րոպեի սլաք

bys munud

վայրկյանի սլաք

bys eiliad

Ժամը քանիսն է?

Faint o'r gloch yw hi?

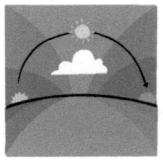

օր

dydd

այսպիսով

amser

այժմ

yn awr

թվային ժամացույց

cloc digidol

րոպե

munud

ժամ

awr

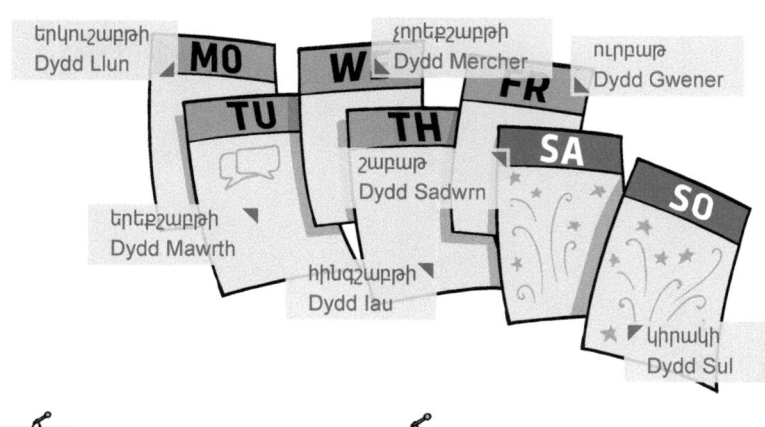

շաբաթ

երկուշաբթի
Dydd Llun
երեքշաբթի
Dydd Mawrth
չորեքշաբթի
Dydd Mercher
W
հինգշաբթի
Dydd Iau
TH
ուրբաթ
Dydd Gwener
շաբաթ
Dydd Sadwrn
SA
կիրակի
Dydd Sul

այսօր

ddoe

այսօր

heddiw

վաղը

yfory

առավոտ

bore

կեսօր

canol dydd

երեկո

noswaith

աշխատանքային օրեր

diwrnodiau busnes

շաբաթվա վերջ

penwythnos

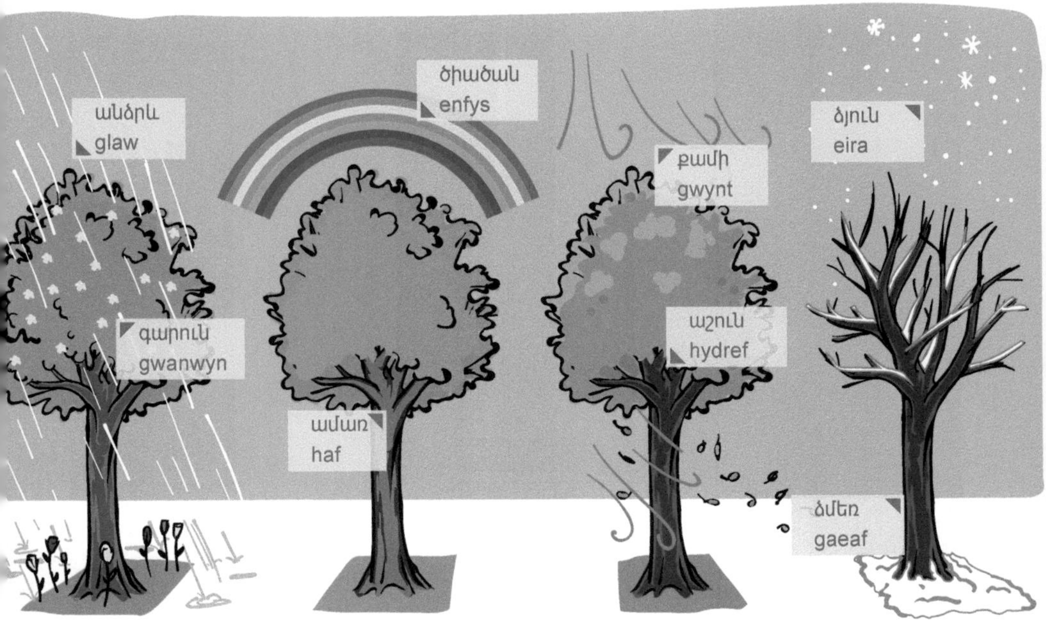

անձրև
glaw

ծիածան
enfys

քամի
gwynt

ձյուն
eira

գարուն
gwanwyn

ամառ
haf

աշուն
hydref

ձմեռ
gaeaf

եղանակի տեսություն

rhagolygon y tywydd

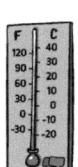

ջերմաչափ

thermomedr

արևի լույս

heulwen

ամպ

cwmwl

մառախուղ

niwl tew

խոնավություն

lleithder

կայծակ
mellt

որոտ
taranau

փոթորիկ
storm

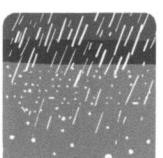

կարկուտ
cenllysg

մուսոն
monsŵn

ջրհեղեղ
llif

սառույց
iâ

հունվար
Ionawr

փետրվար
Chwefror

մարտ
Mawrth

ապրիլ
Ebrill

մայիս
Mai

հունիս
Mehefin

հուլիս
Gorffennaf

օգոստոս
Awst

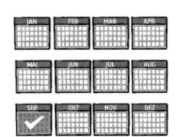

սեպտեմբեր
....
Medi

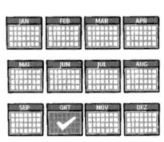

հոկտեմբեր
....
Hydref

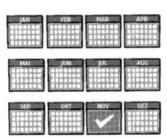

նոյեմբեր
....
Tachwedd

դեկտեմբեր
....
Rhagfyr

ձևավորում
siapiau

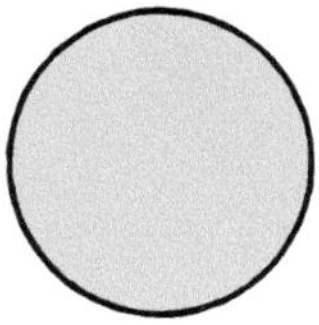

շրջան
....
cylch

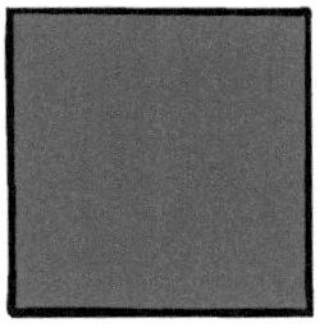

քառակուսի
....
sgwâr

ուղղանկյունի
....
petryal

եռանկյունի
....
triongl

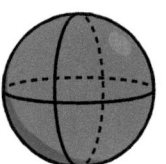

ասպարեզ
....
sffêr

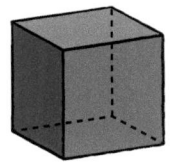

խորանարդ
....
ciwb

գույներ

lliwiau

վարդագույն

gwyn

մոխրագույն

melyn

դեղին

oren

մանուշակագույն

pinc

կարմիր

coch

շագանակագույն

porffor

կապույտ

glas

սև

gwyrdd

նարնջագույն

brown

սպիտակ

llwyd

կանաչ

du

հակադիրներ
cyferbyniadau

շատ / քիչ

llawer / ychydig

բարկացած / հանգիստ

dig / tawel

գեղեցիկ / տգեղ

hardd / hyll

սկսած / վերջը

dechrau / diwedd

մեծ / փոքր

mawr / bach

պայծառ / մութ

llachar / tywyll

եղբայրը / քույրը

brawd / chwaer

մաքուր / կեղտոտ

glân / budr

ամբողջական / թերի

gyflawn / anghyflawn

օր / գիշեր

dydd / nos

մեռած / կենդանի

farw / yn fyw

լայն / նեղ

eang / cul

ուտելի / անուտելի

bwytadwy / anfwytadwy

չար / բարի

drwg / caredig

հուզված / ձանձրացրել

llawn cyffro / diflasu

հաստ / բարակ

tew / tenau

առաջին / վերջին

cyntaf / olaf

ընկերը / թշնամին

cyfaill / gelyn

լիքը / դատարկ

llawn / gwag

կոշտ / փափուկ

caled / meddal

ծանր / թեթև

trwm / ysgafn

քաղց / ծարավ

wedi newynnu / yn sychedig

հիվանդ / առողջ

yn sâl / yn iach

անօրինական է / իրավաբանական

anghyfreithlon / cyfreithiol

Խելացի / հիմարություն

deallus / twp

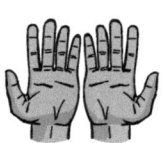

ձախ / աջ

chwith / dde

մոտիկ / հեռու

agos / pell

Նոր / օգտագործվում

wydd / wedi'i ddefnyddio

ոչինչ / ինչ - որ բան

dim / rhywbeth

ծեր / երիտասարդ

hen / ifanc

միացում անջատում

ymlaen / i ffwrdd

բաց / փակ

ar agor / ar gau

ցածր / բարձր

tawel / uchel

հարուստ / աղքատ

cyfoethog / tlawd

ճիշտ / սխալ

cywir / anghywir

անհարթ / հարթ

garw / llyfn

տխուր / ուրախ

trist / hapus

կարճ / երկար

byr / hir

դանդաղ / արագ

araf / cyflym

թաց / չոր

gwlyb / sych

տաք / թույն

cynnes / claear

պատերազմ /
խաղաղությունը
rhyfel / heddwch

թվեր
rhifau

0

զրո

sero

1

մեկ

un

2

երկու

dau

3

երեք

tri

4

չորս

pedwar

5

հինգ

pump

6

վեց

chwech

7

յոթ

saith

8

ութ

wyth

9

ինը

naw

10

տաս

deg

11

տասնմեկ

un deg un

12

տասներկու

un deg dau

13

տասներեք

un deg tri

14

տասնչորս

un deg pedwar

15

տասնհինգ

un deg pump

16

տասնվեց

un deg chwech

17

տասնյոթ

un deg saith

18

տասնութ

un deg wyth

19

տասնինը

un deg naw

20

քսան

dau ddeg

100

հարյուր

cant

1.000

հազար

mil

1.000.000

միլիոն

miliwn

լեզուներ
ieithoedd

անգլերեն

Saesneg

ամերիկյան անգլերեն

Saesneg America

չինարեն մանդարին

Tsieinëeg Mandarin

հինդի

Hindi

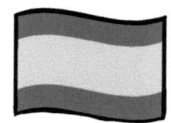

իսպաներեն

Sbaeneg

ֆրանսերեն

Ffrangeg

արաբերեն

Arabeg

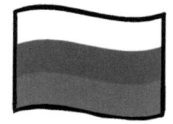

ռուսերեն

Rwseg

պորտուգալերեն

Portiwgaleg

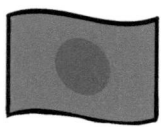

բենգալերեն

Bengali

գերմաներեն

Almaeneg

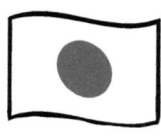

ճապոներեն

Siapanaeg

Ով է /, թե ինչ է /, ինչպես

pwy / beth / sut

ես

fi

դուք

ti

Նա / նա /, որ դա

ef / hi

մենք

ni

դուք

chi

նրանք

nhw

Ով է?

pwy?

ինչ?

beth?

ինչպես?

sut?

որտեղ.

ble?

երբ?

pryd?

անուն

enw

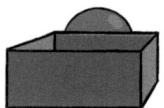

որտեղ
ble

ետևում
y tu ôl i

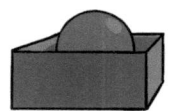

մեջ
yn / yng / ym / mewn

դիմաց
o flaen

վրա
dros

վրա
ar

տակ
dan

կողքին
wrth ochr

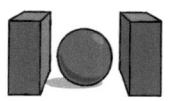

միջեւ
rhwng

տեղ
lle